Lb 751/115

DES SOLDATS

ET

DES CITOYENS.

Par L. Leclerc.

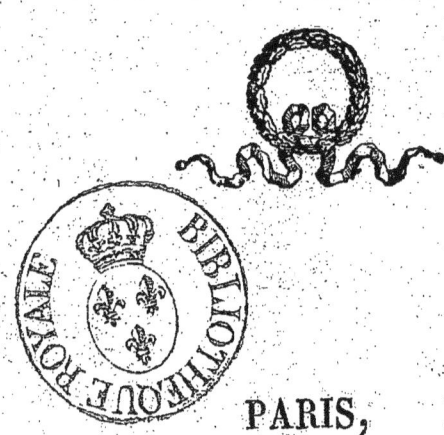

PARIS,

A L'ÉCOLE SPÉCIALE DE COMMERCE ET D'INDUSTRIE,
RUE SAINT-ANTOINE, N° 143;

CHEZ RENARD, A LA LIBRAIRIE DU COMMERCE,
RUE SAINTE-ANNE, N° 71.

15 AOUT 1830.

PARIS, IMPRIMERIE DE DECOURCHANT,
Rue d'Erfurth, n° 1, près de l'Abbaye.

DES SOLDATS

ET

DES CITOYENS.

Un événement immense vient de s'accomplir en trois jours. Jamais rien d'aussi grand, d'aussi étourdissant n'a confondu les faibles combinaisons de la politique et les étroites prévoyances de l'homme d'État.

La postérité, frappée d'étonnement au récit d'un orage si court et si terrible, voudra connaître les causes qui ont amoncelé tant de nuages et déterminé une aussi effroyable explosion; que répondra l'histoire? peut-être des mensonges. Car si les faits sont incontestables, leur origine ne l'est point au même degré pour tous les esprits; la vérité politique n'est jamais simple et abstraite, mais toujours compliquée et diffuse. Nous qui avons souffert, nous qui avons vu et touché, voici que l'erreur commence à nous cerner de toutes parts; déjà une foule de jugemens contradictoires retentissent, et l'aveuglement de l'homme est tel, que les plus grandes leçons passeront encore une fois sur sa tête avec la rapidité et l'instabilité des vents.

Les publicistes vont s'emparer de la révolution du 29 juillet; je m'incline devant leur génie; ma faible voix ne vient point à l'avance infirmer leurs décisions; mais, frappés des faits brillans et des actions d'éclat, le reste sera rejeté par eux, comme peu digne d'occuper leur plume. Et cependant les causes secondaires ont une action lente, mais sûre; elles minent et renversent tôt ou tard les plus grands empires.

Je voudrais tirer d'un passé rapproché de nous des leçons immédiatement applicables au présent; je cherche du moins à révéler au nouveau règne, pour son profit comme pour le nôtre, l'une des causes de l'étonnante irritation qui s'est manifestée récemment dans les masses. L'usage continuel et imprévoyant de la force militaire me paraît aussi impolitique pour la stabilité des trônes que pour la sécurité des peuples. Compter sur elle au dix-neuvième siècle, c'est, on l'a vu, s'appuyer sur le plus fragile roseau.

Je n'encense point le pouvoir naissant; je ne donne point un lâche et dernier coup à une famille privilégiée du malheur depuis quarante ans, à une famille que j'accueillis avec tout l'enthousiasme de la jeunesse; mais une grande erreur a été commise, et je viens l'analyser historiquement.

Au milieu d'un État très-civilisé et très-populeux se forme nécessairement un foyer actif de corruption, qui fait d'une bonne police une des premières conditions d'existence sociale. Dans l'intérêt de tous, les masses doivent être observées et tenues en bon ordre. En certains cas, il y a nécessité de les préserver de leurs propres excès; des vices meurtriers exigent une surveillance vigilante; il faut tenir la main sur les malveillans, déjouer les ruses des fripons, réprimer les délits, et préparer au crime les châtimens voulus par la loi. Plus la famille est grande, plus il devient difficile de la faire mouvoir avec ordre et sagesse, plus il faut de tact et de haute pénétration pour ne point confondre avec le mal ce qui n'en a que l'apparence. Une foule d'agens traîtres ou stupides débutent par se mettre, de la part des gouvernans, en état de guerre déclarée avec les gouvernés. Le peuple entend peu les théories; il reporte le plus haut possible le mal comme le bien; les hostilités l'offensent plus que les bienfaits ne le touchent, et, d'une campagne perpétuellement ouverte contre lui, résultent les haines inextinguibles qu'aucune bonté personnelle ne saurait racheter.

En France, les troupes réglées, d'une discipline dure et inexorable, ont été trop souvent les auxiliaires de la police contre la population des grandes villes; elle réserve surtout les soldats exercés pour les grandes et belles cérémonies. Dans les cas ordinaires, le pouvoir s'appuie sur une milice spéciale, laborieuse et peu ménagée; milice qui se tient au pied des échafauds comme à la porte du bal; qui fait la haie aux processions et la fait faire à l'entrée des théâtres; qui, le matin, monte sur une baraque aux Champs-Elysées, jette au peuple volailles et saucissons, et le soir, du même sang-froid, en présence des feux de joie, *le crosse* de son redoutable fusil. L'aspect du gendarme est triste, son costume n'est point leste et n'a rien de gracieux (1) : ce n'est pas un militaire, c'est un homme salarié, et, de la veille, habillé en soldat. Voilà ton ennemi, semblent lui dire les chefs ; et il fait son devoir avec une brutale résignation. Demandez à la foule ce que c'est qu'un gendarme ! Elle a trouvé d'abord des moqueries et des chants ridicules contre lui, puis des noms odieux ; elle le maudit ensuite, attendant les grands jours de vengeance.........

Je l'avoue, j'éprouve pour la gendarmerie de la pitié et de la répugnance, et cependant je connais dans ce corps plusieurs officiers très-distingués. Mais j'ai été témoin de tant de fautes commises par cette milice mal guidée et mal inspirée, que, je l'avouerai encore, je serais heureux si, dans ces jours de réforme, on se décidait à la faire disparaître.

Eh ! dites-moi, à quoi bon ce perpétuel et vraiment insupportable appareil de sabres, de carabines, de baïonnettes et de boîtes à cartouches ? Que prétend-on prouver avec cela ? Au milieu de la paix, des affaires, des plaisirs, pourquoi mêler ainsi des poignards avec les fleurs, et nous présenter sans cesse des instrumens de mort et de destruction ? Contenez la foule, je le veux ; mais, au nom du ciel, ne la battez pas, ne la blessez pas, ne l'écrasez pas sous les pieds de ces chevaux énormes et indomptés. Un espace bien ajusté pour qu'un grand cortége passe à l'aise, est une fort belle chose; mais, croyez-moi, la haine est effroyable, elle tue les gouvernemens et leurs gendarmes.

La brutalité de l'homme armé et discipliné n'est plus, depuis long-temps, en harmonie avec l'esprit général de douceur (2) et de politesse que la civilisation fait descendre jusque dans les dernières classes de la société. La restauration de 1814 trouva la France fatiguée du joug militaire ; la restauration ne se comprit pas sous beaucoup d'autres rapports, mais surtout sous celui-là. Elle affecta les mêmes allures belliqueuses : uniformes dorés, garde nombreuse et superbe, parades et revues brillantes, marches, escortes, tapage de soldats, vacarme d'artillerie, des sabres, des fusils, toujours, toujours! Oh! que tout cela eût été plus adroitement remplacé par un appareil moins bruyant, par une simplicité bonne et douce.

Le prince, entouré de sa famille, assis au fond de ses appartemens, recevait les hommages de la cour à l'occasion de sa fête : tous amis, j'imagine, mais armés jusqu'aux dents, c'est l'étiquette; quoiqu'en bas de soie blancs, il faut encore qu'un long glaive pende sur la cuisse. Le prince attend l'heure d'un concert magnifique qu'on lui donnera en plein air, sur une terrasse, au coucher du soleil. Devinez le signal?.... Vingt et un coups de canon vont précéder les tendres modulations du hautbois. Le peuple se porte en foule dans les jardins; non point peuple à haillons, mais jeunes femmes élégamment parées, peut-être sur le point de devenir mères, seront là au bras d'un imprudent employé qui cherche les regards de son chef de bureau. On se presse jusqu'aux colonnes du château, on est bien à la gêne, mais l'attente du plaisir étouffe encore quelques plaintes. Tout-à-coup un escadron débouche; l'ordre a été donné : *un intervalle de trente pas sera ménagé entre le peuple et le palais!* Pourquoi? je l'ignore. Mais les évolutions s'exécutent avec une effrayante et impitoyable rapidité; les chevaux marchent; prières, gémissemens, cris de détresse et de douleur, rien n'est écouté; pas le moindre délai, vous arrêtriez plutôt la foudre! Qu'on ne m'accuse point ici d'exagérer, ni de tracer un fantastique tableau; je l'ai vu, tous ont pu le voir, j'ai vu des femmes culbutées et évanouies, j'ai vu de pauvres enfans foulés aux pieds, j'ai entendu d'horribles malédictions dirigées sur le prince. Hélas! il croit peut-être entendre des acclamations lointaines; il bondirait de colère sur son trône s'il savait ce qui se passe et ce qu'on ose faire en son nom; aussi, pas un véritable ami pour le lui dire. Oui, il l'ignore, et en voici la preuve. Dans une autre fête, un soldat frappait du bois de sa lance deux pauvres dames qui comprenaient mal les lois de l'alignement. Le prince s'en aperçut par grand hasard, dit un beau mot, un mot qui fut beaucoup répété et avec un indicible plaisir; et le soir même, des gens s'approchant trop d'un hôtel brillamment illuminé, furent repoussés à coups de crosse; et six ans après, le lancier périssait peut-être le premier dans une sanglante et mémorable bataille. De bonne foi, qui pourrait jamais se douter que d'imbéciles chefs mettront de la poudre et des balles dans le fusil de leurs sentinelles, avec ordre de tirer, en plein jour et devant cent mille citoyens, sur *le premier* qui grimpera à telle grille ? Il s'agissait probablement de préserver quelque joli parterre. Un étourdi, un enfant monta pour mieux voir passer le généralissime de l'armée d'Espagne; on le coucha en joue, il se prit à rire de la menace, et tomba percé de part en part, tant l'homme au fusil avait bien ajusté !

La bonté toute personnelle, répétons-le, est charmante dans un simple citoyen, elle le fait chérir des amis qui le hantent; sa bonne renommée se répand dans le voisinage; mais pour ceux que la Providence condamne au malheur de régner, la bonté personnelle est stérile et méconnue lorsqu'elle ne se manifeste point par des actes suivis, par une surveillance continuelle, laborieuse, active, persévérante, infatigable. En ce qui concerne la force armée, il est vraisemblable que moins on l'userait, la réservant pour des circonstances graves et légales, plus elle inspirerait de crainte, si tant est qu'une politique éclairée ait jamais besoin de spéculer et de s'appuyer sur la crainte. Mieux vaut cent fois éloigner le plus possible cette soldatesque des grands centres de population, et épargner aux citoyens des collisions qui les aigrissent, et accumulent les ressentimens toujours redoutables.

J'ai demandé l'extinction d'une milice déjà éteinte de fait, milice avec laquelle la population des grandes villes sympathise peu : l'une et l'autre peuvent conserver des souvenirs dangereux. La gendarmerie a été vaincue; humiliée et découragée par sa défaite, la mettrez-vous en présence du vainqueur qu'elle devra rappeler continuellement à l'ordre ? l'exposerez-vous aux moqueries poignantes des jeunes vagabonds ?

Le service de la gendarmerie me paraît pouvoir être divisé en deux classes distinctes, correspondant l'une à la municipalité, l'autre aux tribunaux. Je lui enlève la première de ces attributions, et voici pourquoi.

La garde nationale, brisée à demi dans un moment de puérile colère, et mise en pénitence plutôt que licenciée (3), vient de sauver son pays. Elle a pris mission de son zèle et de son patriotisme pour ramener l'ordre; la population parisienne ne se méprit point en apercevant ces vieux uniformes jetés depuis long-temps aux vers et à la poussière; on les entoura avec confiance, comme en un jour de bataille on se rallie au drapeau déchiré. Dans leurs plus terribles angoisses, nos femmes et nos mères ont poussé un cri de joie ! le premier garde national fut pour elles comme l'emblême de la tranquillité et de la paix : honneur, reconnaissance éternelle à la garde nationale de Paris !

Vingt mille hommes de garde régulière en grande et belle tenue, cinquante mille gardes extraordinaires en costume simple, propre et moins coûteux, peuvent en deux heures se réunir tout armés. Ce sont des élémens d'ordre et de tranquillité plus que suffisans, par exemple, pour une ville telle que Paris.

Il est des postes d'honneur qui seront gardés par les vingt mille; les palais du chef de l'État et des Chambres, la Bibliothèque et ses richesses, le Louvre et ses merveilles; l'Hôtel-de-Ville et le monument que la France doit élever aux guerriers du 29 juillet. Les autres postes ne sont pas moins honorables, sans doute, mais leur multiplicité en fait de véritables et fatigantes corvées. Vous n'astreindrez pas, vous ne pouvez et ne devez pas astreindre une foule de jurisconsultes, banquiers, marchands, employés, hommes de lettres, à un service dur et pénible qui les dérangerait d'affaires importantes, et nuirait en dernier résultat, par le désordre, à la production générale. Je n'entends point parler ici d'élite ni de troupe privilégiée, mais je pense qu'une indemnité par garde serait juste et raisonnable. L'ouvrier, père de famille, ne doit point sacrifier sa journée, même à l'État, à moins de circonstances graves. Qui sait? cet homme est peut-être dans le besoin et n'oserait vous le dire. Personne en France ne rougit d'une rétribution méritée; les travailleurs paient le soldat, et à la fin de chaque mois, un colonel n'a point honte, apparemment, de recevoir sa solde.

Partout où de grandes réunions d'hommes sont à contenir, pourvu que ce soit dans des conditions ordinaires, il vaudrait mieux en général laisser les armes au poste, ou les déposer en faisceaux ; l'uniforme et la bonne volonté suffisent. Il m'est démontré que sans coups de crosse, et en prenant à l'avance une foule de précautions matérielles qu'un Préfet de police ingénieux trouverait en cherchant bien, on peut faire mouvoir une file au théâtre dans le plus grand ordre. Des officiers de police municipale décorés de leurs écharpes interviendront toujours plus efficacement que les fusils. Viennent les fêtes publiques ; la masse des soldats citoyens est alors convoquée pour un service d'urgence auquel elle se prêtera toujours avec dévoûment. La garde nationale, il y a quinze ans, repoussait aussi la foule et frayait un passage à des marches pompeuses ; il y avait alors plaisir à voir caporaux et sergens enfler la voix et se composer un air terrible. Les simples grenadiers employaient toute leur force, et tantôt riant, tantôt se fâchant, toujours avec précaution et douceur, parvenaient enfin à faire rétrograder le peuple de quelques pas. Ces braves gens, on en jugeait au moins à tant de précautions, craignaient toujours que dans les groupes ne se trouvassent leurs femmes ou leurs sœurs ; et lorsque le cortége passait, l'observateur aurait tourné les yeux de préférence sur cette longue file de charmantes figures, sur ces rubans et ces fleurs placés, au mépris de la consigne, entre chaque bonnet à poil.

LES CITOYENS DES GRANDES VILLES SE GARDERONT EUX-MÊMES : essayons de placer ce principe dans nos lois; surtout n'introduisez plus de troupes de ligne dans nos murs! La ville de Paris vient de conquérir pour toujours ce privilége dont jouit depuis longtemps la cité de Londres. Les soldats de l'armée active sont nos amis, nos frères, qu'ils viennent nous visiter, comme des frères, des amis, individuellement et sans armes; ils doivent manœuvrer au loin, loger dans leurs casernes, et le ministre de la guerre serait sage s'il faisait mettre dans les livres de théorie militaire quelques mots d'estime pour nous autres bourgeois, et s'il nous relevait enfin du mépris que le sabre nous porte depuis l'Empire.

Poursuivre, découvrir et saisir le prévenu sur les indications des magistrats, le traduire devant les juges, veiller à son incarcération pendant la procédure, assurer la paisible action des tribunaux, faire respecter l'exécution de leurs jugemens; telle est la seconde partie du service dévolu jusqu'à ce jour à la gendarmerie : fonctions sévères qu'elle remplissait bien, je dois en convenir ; mais, je l'ai établi, ce corps n'existe plus et ne peut plus exister. Je demande, pour le remplacer, une milice fondée sur des bases et dans un esprit différens (4). Cette milice, il lui faut un nom; je le tire de son service même : Garde-justice. Son costume, très-remarquable, doit s'éloigner, s'il est possible, des uniformes de la ligne et de la garde nationale. Les Garde-justice auraient le droit de pénétrer dans les villes pour y saisir les criminels, mais par faibles détachemens de dix hommes; et si d'impérieuses nécessités exigent un plus grand développement de force, un ou plusieurs magistrats décorés de leurs insignes marchent à la tête. Un poste par arrondissement peut recevoir les malfaiteurs que les citoyens eux-mêmes, la garde nationale ou les agens de police saisissent en flagrant délit (5).

Je pourrais ici me livrer à de laborieuses recherches, étaler de l'érudition, fatiguer le lecteur d'exemples recueillis chez les peuples de l'antiquité et chez les nations voisines; je pourrais parler des Musulmans, qui ne portent point d'armes de guerre dans leurs salons et qui font cependant une terrible police par la crainte seule du magistrat; un long bâton blanc, telle est l'arme du Janissaire en temps de paix. Mais le temps presse, et je dois laisser la parole aux hommes de métier pour l'organisation matérielle dont j'indique les bases. Donner plus de pouvoir au magistrat, habituer le peuple à redouter seulement ses décisions, éloigner surtout les baïonnettes de nos affaires et de nos plaisirs, telle est ma pensée.

Du reste, cette question militaire ouvre un vaste champ aux graves réflexions, aux études sérieuses; l'économie politique le parcourt depuis quelque temps: j'y pénétrerai avec elle, et, rejetant les vains projets, les folles utopies, j'essaierai de démontrer à mes concitoyens la grande erreur des armées permanentes. Si les économistes n'en peuvent obtenir la suppression, ils établiront du moins qu'un militaire doit se rendre utile à lui-même pendant la paix;

parce qu'un jour il rentrera dans la vie privée, et à la patrie, parce qu'elle a besoin de travailleurs. Je demanderai *du travail* pour nos jeunes officiers, qui boivent le punch au café, et séduisent nos filles et nos femmes dans les garnisons; je trouverai enfin, pour le soldat, quelque passe-temps plus raisonnable que de se battre au cabaret ou de *couper le ventre* aux gens qui regardent de travers.

NOTES.

(1) Quelques personnes se souviennent encore d'avoir vu un paquet de cordes attaché sur l'épaule du soldat de maréchaussée; ces cordes servaient à lier les criminels. Serait-ce là l'origine de cette multitude d'aiguillettes dont se parent les gendarmes?

(2) Un témoin respectable et irrécusable m'a rapporté que le 28 juillet, après midi, un peloton de gendarmes combattait *avec avantage* sur la place de la Bastille. L'un d'eux tombe cependant; aussitôt quatre hommes du peuple vont le ramasser, malgré la fusillade, pour le porter à l'hôpital. « *Sacrebleu!*

prenez donc garde, disait l'un d'eux, gros homme, blessé lui-même au bras, et assez mal vêtu, *sa tête pend, vous le faites souffrir !* »

(3) Le désarmement n'eut pas lieu, la garde nationale ne fut donc pas réellement *licenciée*.

(4) La plus grande partie des gendarmes actuellement au service devront être incorporés dans les *garde-justice*.

(5) Voici une objection de bureaucratie : Que deviendrons-nous sans gendarmes ? Comment faire porter les ordres et les messages si multipliés au siége du gouvernement ; comment communiquer de ministère à ministère ? Par un service spécial d'ordonnances, composé de trente ou quarante jeunes gens bien montés, ayant à l'épaule une marque distinctive et se partageant le travail des diverses administrations. Lorsqu'un Directeur-Général invite ses amis à dîner, est-il rigoureusement indispensable que le pli soit escorté d'un grand sabre et abrité d'un formidable chapeau à cornes ?

www.ingramcontent.com/pod-product-compliance
Lightning Source LLC
Chambersburg PA
CBHW071447060426
42450CB00009BA/2315